W0404175

En faisant défiler rapidement les pages de ce livre, le dessin situé juste au bas de la page de droite s'animera. Chaque livre de la collection De vie en vie a son *flip-book*.

De vie en vie

Anne Frank

Brigitte Labbé • P.-F. Dupont-Beurier

Illustrations de Jean-Pierre Joblin

MILAN
jeunesse

La rentrée de septembre 1933

« Anne n'a pas de place à l'école maternelle pour la rentrée de septembre. »

Edith regarde Otto, son mari, avec un air surpris. Quoi ? Mais que s'est-il passé ? Anne est inscrite depuis des semaines, et elle va avoir 4 ans le 12 juin prochain, il est vraiment temps qu'elle rentre à l'école.

« Et il faut trouver une autre école primaire pour Margot. »

Otto s'effondre sur le fauteuil du salon, la tête entre les mains. Aucun son ne peut plus sortir de sa bouche. D'ailleurs, comment est-ce possible

de prononcer ces mots : nos filles sont exclues de leur école parce qu'elles sont juives ? Comment une telle phrase peut-elle exister ? Comment est-ce possible de dire à Anne, en passant devant l'école maternelle du quartier : non ma chérie, tu ne peux pas aller là parce que tu es juive ? Otto sent déjà le regard interrogateur de sa petite Anne se poser sur lui, il entend déjà le flot de ses questions : « Qui a dit que je suis juive ? », « Pourquoi ils n'aiment pas les Juifs, à l'école ? », « Et les autres, ils peuvent y aller ? », « Et Margot, elle est juive aussi ? », « Comment on voit qu'on est juif ? »…

Que s'est-il passé ?

Otto se redresse. Que s'est-il passé pour que son pays, l'Allemagne, devienne un enfer sur terre ? Enfer pour les Juifs, comparés à des champignons vénéneux qui empoisonnent l'Allemagne, accusés de comploter entre eux pour diriger le monde. Enfer pour les Tsiganes, les homosexuels, les handicapés, les Noirs, les malades mentaux, accusés d'être des races de dégénérés. Enfer pour les communistes et tous ceux qui s'opposent aux idées du parti nazi. Le parti politique d'Adolf Hitler, l'homme qui a gagné les élections il y a cinq mois, en janvier 1933.

« *L'Allemagne n'est pas le monde,* dit Otto en se levant. *Quittons notre pays, partons.* »

Où ?

Où partir ? En cette année 1933, Otto et Edith Frank se posent la même question que des centaines

de familles allemandes, juives. Et encore d'autres questions : a-t-on assez d'argent pour payer le voyage et les taxes qu'on exige des Juifs pour avoir le droit de quitter l'Allemagne ? a-t-on assez d'économies pour vivre quelque temps sans travailler ? où va-t-on retrouver un emploi ? et un logement ? et une école pour les enfants ?

Otto et Edith ont les moyens de partir, mais ils hésitent sur la destination. En France, où s'est déjà réfugié le frère d'Otto ? En Angleterre, où vit maintenant son autre frère ? En Suisse, où se sont installés la sœur d'Edith et son mari ? Aux États-Unis ? En Amérique latine ?

Aux Pays-Bas, en Hollande, à Amsterdam

Assise dans le train qui quitte lentement la gare d'Aix-la-Chapelle, Anne colle son nez sur la vitre et regarde défiler la campagne allemande. Anne est contente !

Dans à peine trois heures, ils seront tous ensemble, comme avant : maman, papa, Margot et Anne. À Amsterdam. Là où papa a trouvé un travail et un grand appartement. En plus, on est le 16 février 1934 : il y aura un gâteau pour l'anniversaire de Margot, avec huit bougies. Anne compte sur ses doigts : *« Moi, dans quatre mois, j'aurai 5 ans. »*

Il faudrait l'inventer !

« Rrrrrrra, rrrrrrrrrrrrri, rrrrrrrrrrrrrro. Dis donc papa, ça gratte de parler le hollandais, tu ne crois

pas qu'on va s'abîmer la gorge, à force ? » se plaint Anne en faisant des sons étranges. Otto pose son journal et éclate de rire.

De toute façon, lire à côté d'Anne est impossible : elle parle tout le temps, elle pose sans arrêt des questions, une vraie pipelette. Et elle n'en rate pas une ! « *Ah si tu n'existais pas, il faudrait t'inventer* », s'exclame Otto en ouvrant grand ses bras. Anne roucoule. Elle adore les câlins, elle adore faire rire son papa. Maman, c'est plus dur. Elle est triste, l'Allemagne lui manque, elle en parle tout le temps, et de sa peur de ne pas y retourner. Papa, lui, il dit que tout cela va vite passer, que l'Allemagne traverse une période de folie, mais que tout peut s'arranger.

« *Tu parles parfaitement le hollandais ma chérie.* » Anne frotte son nez dans le cou de son papa, elle adore aussi les compliments. « *Mais il faut travailler l'orthographe, tu dois aussi réussir à l'écrire.* » Otto aimerait être plus souvent à la maison pour s'occuper de ses filles et de leurs devoirs d'école, mais en ce moment ses affaires, dans le commerce d'ingrédients pour les confitures, lui prennent beaucoup de temps.

Le regard d'Anne s'assombrit. Travailler l'orthographe ? Elle préfère patiner sur les canaux d'Amsterdam, se promener à vélo, lire des romans, aller au cinéma, échanger des poèmes avec ses copines, coller des images dans ses albums, décorer sa chambre, lire toutes les histoires sur la famille royale hollandaise, parcourir ses collections de cartes postales et de photos de stars…

Le 10 mai 1940

Edith tire Anne par la main. Elle veut traverser la rue. Changer de trottoir. Tout de suite. Vite. Pas question de passer à côté de ces hommes en uniforme. Des soldats. Des soldats allemands. Depuis le 10 mai 1940, depuis que l'Allemagne nazie a envahi les Pays-Bas, les soldats allemands sont partout dans les rues d'Amsterdam.

En entendant ces jeunes gens parler sa langue, Edith sent les larmes lui monter aux yeux.

Sa langue maternelle, sa langue natale, la langue de ses parents, de ses grands-parents, de ses arrière-grands-parents, de ses arrière-arrière-grands-parents. Et aujourd'hui la langue de l'ennemi. Edith supplie Anne de se dépêcher. Elle le dit tout doucement, et en hollandais. Trop dangereux de parler allemand en pleine rue. Ici, parler allemand veut dire être réfugié. Être réfugié veut dire être juif. Et ça, en ce moment, mieux vaut le cacher et passer inaperçu.

Le tri

La directrice de l'école qu'Anne fréquente depuis maintenant six ans lit avec attention le formulaire envoyé par les autorités allemandes. En ce matin

d'octobre 1940, tous les directeurs des écoles et des universités des Pays-Bas découvrent le même formulaire. Une question leur est posée, une seule : dans votre établissement, quels sont les élèves aryens et quels sont les élèves juifs ? La réponse doit être renvoyée au plus vite.

Un tri. On demande aux chefs d'établissement de faire un tri. Entre les élèves que les nazis classent dans ce qu'ils appellent une race pure, les Aryens, et les élèves que les nazis classent dans ce qu'ils appellent une race impure, les Juifs.

Otto est fou d'inquiétude. Il sait qu'en Allemagne la chasse aux Juifs a commencé depuis plus de sept ans, depuis l'arrivée de Hitler au pouvoir : les commerces juifs sont saccagés, les synagogues brûlées, les Juifs sont chassés de leur travail et des milliers d'entre eux emprisonnés dans des camps de concentration. Otto est venu ici, à Amsterdam, pour fuir la folie nazie. Mais cette folie les a rattrapés : les nazis ordonnent maintenant à tous les Juifs qui vivent aux Pays-Bas de venir s'inscrire sur des listes. Et les menaces sont claires : ceux qui ne le feront pas dans les jours qui viennent seront emprisonnés, ceux qui tenteront de se cacher seront condamnés à mort.

On va faire un Monopoly à la maison ?

Dans son lycée, Anne s'est fait de nouvelles copines et de nouveaux copains. Tous juifs. Ce n'est pas qu'elle n'aime plus les autres. D'ailleurs elle se fiche pas mal de savoir qui est juif, et qui n'est pas juif. Mais elle n'a plus le droit d'aller dans l'école des autres. À cause du tri. À la rentrée de septembre 1941, elle a été exclue de son école. Margot aussi. Alors Otto les a inscrites au lycée juif, il n'avait pas d'autre choix.

En rentrant chez elle aujourd'hui, Anne flâne, malgré le froid glacial. Elle s'attarde sur les petits ponts qui enjambent les canaux. Depuis plusieurs jours, la glace étincelle sous le soleil d'hiver, tout le monde a rechaussé ses patins à glace. Presque tout le monde. Anne, elle, a rangé les siens tout au fond de l'armoire. Les nazis ont interdit aux Juifs de faire du patin à glace.

« Est-ce que je patinais aussi bien que lui ? », se demande Anne en admirant un garçon en train d'effectuer de jolies figures.

Anne a aussi caché son vélo. Les nazis ont interdit aux Juifs de circuler à vélo. Et de faire du sport. Et d'aller à la piscine. Et au cinéma. Et au restaurant. Et d'entrer dans les jardins publics.

« Anne ! Anne ! Attends-nous ! » crient ses copines en courant vers elle. Anne éclate de rire en voyant le nez écarlate de Jacqueline, sa meilleure amie.

« On va faire un Monopoly à la maison et je vous montre mes nouvelles photos de stars ? » propose Anne en enfonçant son bonnet sur ses oreilles gelées.

Fuir, encore

Pendant l'été 1941, Hitler et ses chefs nazis ont annoncé la « solution finale à la question juive ». Solution finale à la question juive : les nazis sont-ils en train d'annoncer qu'ils veulent tuer tous les Juifs d'Autriche, de Tchécoslovaquie, de Pologne, de Yougoslavie, du Danemark, de Norvège, des Pays-Bas, de Belgique, du Luxembourg, de France, qu'ils veulent éliminer tous les Juifs de tous les pays que l'Allemagne nazie occupe ?

Otto a toujours voulu croire que les choses allaient s'arranger. Mais là, en janvier 1942, il est désespéré. Il finit par déposer une demande d'autorisation

pour émigrer en Angleterre, un pays que les nazis n'occupent pas, une île qu'ils auront certainement du mal à envahir.

Refusé

Demande d'émigration de la famille Frank : refusée. Et pas la peine d'espérer obtenir une autorisation vers un autre pays. Otto s'y est pris trop tard, les nazis bloquent maintenant toutes les demandes d'émigration. Otto, Edith, Margot, Anne, sont coincés aux Pays-Bas.

Quatre lettres noires sur une étoile jaune

Sur la grand-place d'Amsterdam, les manifestants courent dans toutes les directions, essayant d'échapper aux coups de matraque. Des hommes et des femmes s'écroulent à terre.

Tout se passe comme d'habitude : les nazis écrasent immédiatement la moindre tentative de révolte. Avec une violence, une brutalité inimaginables. Tabassages, arrestations, prison, déportation dans des camps, et parfois exécutions. Aujourd'hui, les manifestants voulaient dénoncer la nouvelle loi : à partir du 9 mai 1942, l'obligation pour tous les Juifs de plus de 6 ans de porter une étoile jaune sur leurs vêtements.

Edith ouvre sa boîte à couture et va chercher les étoiles qu'on leur a distribuées. Elle coud solidement une étoile sur le manteau d'Anne. Puis sur celui de Margot. Et sur celui d'Otto. Et sur le sien. Devant, sur le côté gauche, comme les nazis l'ont ordonné. Pour que soient parfaitement visibles les quatre lettres noires : J O O D. « Juif », en néerlandais.

Papa ne va plus au bureau

« Bonjour papa ! crie Anne en jetant son cartable dans l'entrée. *Qu'est-ce que tu fais ici en pleine journée, tu ne travailles pas ? »*

Otto embrasse sa fille. Comme elle a grandi ! Elle va bientôt avoir 13 ans. Anne tourne brusquement la tête. Pourvu que son papa chéri ne voie pas ses larmes. Elle s'en veut, elle s'en veut. *« Je parle trop, quelle imbécile je suis ! »* murmure Anne en faisant semblant de chercher Moortje, son chat. Elle souffre pour son père : elle voit bien que plus le temps passe, moins il va au travail. Il doit être triste de se sentir inutile, pense Anne en séchant vite ses yeux.

Otto travaille encore, mais il évite d'aller trop souvent dans ses bureaux. Depuis qu'il porte l'étoile jaune, il a officiellement démissionné de son poste de patron car la loi interdit à tout le monde de travailler avec un Juif. Mais heureusement les affaires continuent, comme avant : les nazis n'ont aucun moyen de savoir que sa société lui appartient. Otto a pris ses précautions, il a effacé son nom de tous les papiers. Et puis il peut compter sur ses amis avec qui il travaille depuis longtemps : Johannes Kleiman et Victor Kugler ont tout de suite accepté de le remplacer à la tête de l'entreprise et de travailler avec lui en secret, et Miep Gies et Bep Voskuijl, ses deux assistantes, n'ont pas pensé une seule seconde quitter la société. Otto leur fait une totale confiance : Johannes, Victor, Miep et Bep ne le trahiront pas.

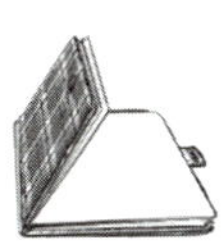

« Cours Anne, cours ! »

« Anne, Anne, il faut rentrer chez toi, il est 19h30 ! » Anne n'a pas vu le temps passer. Quand un garçon lui fait des yeux doux, ce qui arrive souvent, Anne oublie tout !

Elle met sa veste à toute vitesse et ne dit au revoir à personne. Elle court, elle court, le plus vite possible, malgré la chaleur de cette soirée de juin. 19h35. Le bus arrive, elle fait des signes au chauffeur, mais soudain elle se souvient. Elle baisse brusquement son bras en regardant autour d'elle : depuis quelques jours, les Juifs n'ont plus le droit de prendre les transports en commun. Et, avec cette étoile jaune, pas question de frauder, on la repère trop facilement. 19h40. Anne est en nage. Elle aimerait gagner du temps en traversant le square, mais heureusement elle fait le tour. Ça, elle ne risque pas d'oublier : cela fait presque un an que les Juifs sont interdits dans les parcs et les jardins publics, c'est sur son balcon qu'elle prend l'air et bavarde des heures avec ses copines. 19h45. Anne ralentit un peu l'allure. C'est bon, pas de panique, je serai à la maison dans cinq minutes, se dit-elle en regardant encore une fois l'heure. Au coin de la rue, elle sait qu'il y a une cabine téléphonique. Peut-être que je devrais appeler papa et maman pour les rassurer ? Elle imagine l'angoisse de ses parents : depuis

la semaine dernière, les Juifs n'ont plus le droit de sortir après 20 heures. Anne laisse tomber les pièces au fond de sa poche et passe en courant devant la cabine : les Juifs n'ont plus le droit d'utiliser les téléphones publics. En apercevant les fenêtres de son appartement, Anne pousse un gros soupir. 19h51. Sauvée.

Désobéir

Dimanche 5 juillet 1942. Edith tremble. Margot est muette. Anne pleure. Otto cache sa panique. Mais Edith et Otto ont pris leur décision : leur fille aînée ne partira pas.

Margot a 16 ans, elle est sur la liste des quatre mille Juifs convoqués par le service du travail obligatoire allemand.

La lettre de convocation, que le policier hollandais a apportée cet après-midi chez les Frank, ne précise pas le lieu. Est seulement donnée la liste des vêtements à emporter dans un petit sac à dos.

Désobéir. Désobéir aux ordres : Margot ne fera pas de sac, elle ne se rendra pas à la convocation, elle n'ira pas en camp de travail.

Otto et Edith ont entendu beaucoup de choses sur les camps allemands. Certains disent que ce n'est pas si dur, que les gens y sont correctement nourris, que les persécutions s'arrêtent, qu'on y travaille beaucoup mais que cela reste supportable. Il y a même des jeunes Juifs sans travail qui sont volontaires pour y aller, dans l'espoir que la vie là-bas sera moins difficile qu'ici.

Otto et Edith, eux, ont des doutes. N'a-t-on pas entendu parler de ces camps d'extermination en Pologne, des camps que les nazis ont spécialement construits pour y regrouper les Juifs et les assassiner ? Certains n'y croient pas et disent que ce ne sont que des rumeurs, des ragots pour faire peur.

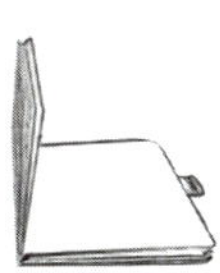

Mais alors, que veut dire la déclaration des dirigeants nazis du début de ce mois de juillet 1942 ? Tout le monde a bien entendu. Ils ont dit : *« Tout est prêt. »* Tout est prêt pour la solution finale.

« Margot ne partira pas. Personne ne nous séparera, nous restons tous les quatre ensemble. »

Obéir aux lois, respecter les interdictions, répondre aux convocations, tout cela ne met pas les Juifs à l'abri. Otto en est certain.

« Mais alors ils vont voir qu'elle manque, ils vont venir la chercher, comment on va faire ? »

Disparaître

Oui, ils vont s'apercevoir que Margot manque. Oui, ils vont venir la chercher. Mais ils ne la trouveront pas. Nous ne serons plus là. Nous partons demain matin, très tôt, à l'aube. Et là où nous allons, personne ne nous trouvera. Votre mère et moi avons tout prévu.

Préparons nos affaires. Miep va venir ce soir pour emporter le plus de sacs possible. Nous, nous ne pourrons rien prendre : n'oubliez pas que les Juifs n'ont pas le droit de marcher dans la rue avec des sacs.

On va où ?

Tu verras.

Et mes copains, et mes copines, je leur dis quoi ?

Rien. Pas un mot. À personne.

Je ne peux même pas leur dire au revoir ?

Non.

Mais ils vont être fâchés.

Otto ne répond pas.

Et Moortje ?

On le laisse ici.

Tout seul ?

Oui.

Il va mourir de faim.

Les voisins s'en occuperont.

Anne pleure. Et elle finit par s'endormir. Si profondément qu'à 5 heures et demi, le lendemain matin, Edith a du mal à la réveiller.

Le 6 juillet 1942

Maintenant Anne comprend tout. Depuis quelques mois, il se passait des choses bizarres dans leur maison : des meubles disparaissaient, des vêtements s'égaraient, les étagères semblaient moins remplies que d'habitude, des livres manquaient dans la bibliothèque… Comme si la maison se vidait petit à petit. On lui expliquait que la commode était en réparation, que l'armoire s'était cassée, que les cartons dans l'entrée étaient remplis de vêtements pour les personnes âgées de l'hospice…

En ce matin du 6 juillet 1942, Anne comprend. La réponse à ses questions est là, sous ses yeux. Tout ce qui a disparu de la maison est entassé là. Dans ces deux petites pièces qui se trouvent juste derrière les bureaux où travaillait son papa. Et où travaillent encore Johannes, Victor, Miep et Bep. Anne n'en revient pas : depuis plus de six mois, papa et maman, aidés par Johannes, Victor, Miep et Bep, préparaient en secret leur nouvelle maison. Enfin, leur cachette plutôt.

Un autre monde

Anne a vite fait le tour de leur cachette : une pièce pour ses parents, pleine de boîtes de conserve, de nourriture, de cartons, de linge ; une pièce pour Margot et elle, étroite comme un couloir, avec un petit lit le long de chaque mur ; un coin pour se laver avec un lavabo et des toilettes. Et puis, en montant un escalier, Anne découvre une autre pièce, plus grande, équipée d'une cuisinière et d'un évier. Et encore au-dessus, sous les toits, un minuscule grenier.

Miep est déjà repartie. Il faut absolument que les employés de la société, en arrivant à leur travail, la voient assise à son bureau, comme chaque matin. Et pas question que l'un d'eux l'aperçoive en train de sortir de cette annexe, il se demanderait ce qu'elle a été y faire : personne ne va par là depuis longtemps. Prudence, prudence. Surtout, n'éveiller aucun soupçon.

À part Miep, Johannes, Victor et Bep, personne, absolument personne, ne doit savoir que quelqu'un vit derrière cette porte. On sait bien qu'il y a partout des gens prêts à dénoncer des Juifs qui se cachent.

Anne a regardé la porte se fermer. Miep a rejoint le monde de dehors. Et les voilà, eux, les quatre Frank, seuls humains de cet autre monde. Un monde inconnu du monde habité, un monde inhabité.

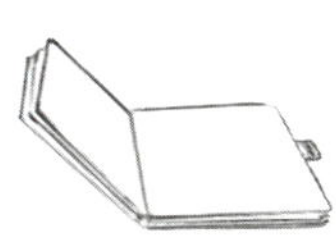

Kitty

Ce monde, Anne décide de le peupler.

Allongée sur son lit, les yeux rouges et gonflés, Margot regarde Anne déballer les cartons, trier les affaires, nettoyer, remplir des placards, ranger, empiler. Et Anne se met aussi à décorer leur chambre.

Un gros pinceau. Un pot de colle. Sa collection de cartes postales et de photos. Et voilà le mur de leur chambre recouvert de paysages et de stars d'Hollywood. Mon papa est le plus chou des papas, s'émeut Anne, il a même pensé à emporter ma collection.

Au bout de deux jours de rangement, Anne décide qu'il est temps de tout raconter à sa chère Kitty.

Une petite table. Un gros carnet. Un stylo. Et voilà Kitty.

Kitty. Fantastique Kitty. Toujours là. Toujours disponible. Toujours à l'écoute. Jamais impatiente. Kitty, sa grande amie. L'amie intime, née le 20 juin dernier. Anne sourit. Elle entend encore les cris d'admiration de Jacqueline, Liz, Sanne, Hanneli, Ilse, quand elle leur a montré ce cahier que ses parents lui ont offert pour ses 13 ans. Un cahier épais, recouvert d'une couverture à carreaux. *« Regarde, il y a même une fermeture ! »* Anne aime bien ses copines, mais elle n'a jamais eu quelqu'un comme Kitty, quelqu'un à qui elle peut vraiment tout confier, à qui elle peut écrire tout ce qu'elle pense.

Kitty va-t-elle comprendre ?

Mais Anne se demande comment elle va bien pouvoir faire comprendre à Kitty ce qui se passe. Comment est-ce possible d'expliquer qu'un siècle s'est écoulé en trois jours ? Comment est-ce possible de trouver les mots justes pour décrire cette sensation bizarre : être en vie, le savoir évidemment, mais en même temps ne pas savoir comment on vit, ni où l'on vit. Y a-t-il des mots pour dire que le monde a basculé ? Dimanche 5 juillet 1942, je bavarde et je ris aux éclats avec mon amoureux, je lis en plein soleil allongée sur la chaise longue de mon petit balcon. Le lendemain, me voilà obligée de chuchoter, de marcher sur la pointe des pieds, de ne surtout pas tousser, de lire dans la pénombre derrière des fenêtres fermées et des rideaux qu'il est interdit d'écarter d'un seul millimètre.

Commençons par le commencement, se dit Anne en racontant à Kitty les dernières heures de sa vie d'avant. Avant de s'embarquer dans une vie qui ne ressemble à aucune autre vie. Avant cette plongée dans le secret, avant cette plongée dans la clandestinité.

La peur

Anne a peur. Sa main tremble quand elle parle à Kitty de sa peur d'être entendue par un magasinier, une femme de ménage ou n'importe quel employé qui passe dans les bureaux. De sa peur d'être vue par les voisins dont les fenêtres donnent sur celles de l'Annexe. Sa peur d'être découverte, lorsqu'ils descendent se dégourdir les jambes dans les bureaux de la société, après les heures de travail. Sa peur, quand elle doit rester immobile et silencieuse toute la journée parce qu'un plombier répare des tuyaux, juste en dessous de leur cachette. Sa peur, à chaque instant, d'être emmenée, et fusillée. Sa peur du silence qui écrase l'Annexe, quand Miep, Bep, Johannes, ou Victor, leurs protecteurs, partent. Sa peur, la nuit, quand elle court se réfugier dans le lit de son père, terrorisée par les coups de feu, les avions qui survolent la ville, les bombes qui explosent. Sa peur de ne jamais pouvoir sortir de là. Une peur lourde, écrasante, envahissante, obsédante… Non, aucun adjectif ne peut justement la décrire.

Anne essaie de ne pas trop inquiéter Kitty. Le carillon de la grande église d'Amsterdam sonne tous les quarts d'heure, et cela la rassure. Et puis, pas de doute, l'Annexe est une cachette idéale, la meilleure de tous les Pays-Bas.

Le regard des autres

Anne la peste, Anne la sale gosse, Anne la roublarde, Anne la calculatrice, Anne l'égoïste, Anne la petite fille encore trop jeune pour comprendre…

La liste est interminable. Des reproches, des critiques, encore et encore, à longueur de journée. Elle s'allonge sur le lit : on dit qu'elle est paresseuse ; elle donne son avis : on dit qu'elle est prétentieuse ; elle répond à une question : on dit qu'elle est insolente ; elle se tait : on la trouve ridicule… Anne n'en peut plus. Elle se sent jugée et encerclée de regards qui l'emprisonnent, la cataloguent.

En ce mois de janvier 1943, Anne aimerait disparaître, échapper à ces regards, partir loin. Elle ne supporte plus personne. Même son père. C'est dire si elle est à bout de nerfs. Sa mère ? En voilà une qui ne comprend rien à rien. Margot ? À bâiller d'ennui. La famille Van Pels, arrivée à l'Annexe juste une semaine après eux ? Rien d'intéressant : Augusta et Hermann, des coléreux qui passent leur temps à se disputer, leur fils, Peter, un dadais de 16 ans à l'air mou. Monsieur Pfeffer, arrivé en novembre 1942 ? Un égoïste qui veut s'accaparer la table sur laquelle elle écrit et avec qui elle est maintenant obligée de partager sa chambre.

Le soir, la tête enfouie dans son oreiller, Anne laisse enfin couler ses larmes. Tout doucement pour ne pas réveiller Pfeffer. Tout doucement, pour ne pas devoir supporter, en plus de tout, des regards pleins de pitié ou, qui sait, de moquerie.

Vider sa colère

Sortir, aller prendre un grand bol d'air pour se calmer, faire du sport pour se défouler : impossible. Discuter avec une copine, lui raconter ses malheurs et se faire remonter le moral : impossible. Claquer une porte, taper des pieds pour se soulager, crier, hurler : impossible.

Sa haine, sa rage, Anne les jette dans les mots. Sa colère, elle la laisse exploser dans son journal. Chère Kitty, patiente Kitty, dis-leur de me laisser tranquille !

Dehors, l'horreur

Quand il fait nuit, Anne aime bien se coller à une fenêtre, et regarder la rue par le petit entre-bâillement des rideaux. Quelquefois elle prend les jumelles de son père pour mieux voir le visage des gens, pour mieux suivre la vie des autres. Mais

elle préférerait n'avoir jamais vu ces colonnes d'hommes, de femmes, d'enfants, poussés, frappés par des hommes en uniforme vert, des agents de la Gestapo, la police de Hitler. Elle a vu les enfants en pleurs, les vieillards et les plus faibles s'écrouler sous les coups, épuisés, incapables de faire un pas de plus. Et les autres, continuer à avancer. Anne a compris que ces gens marchent vers la mort. Miep leur a parlé de Westerbork, le grand camp des Pays-Bas, où sont regroupés des centaines de milliers de Juifs, hommes, femmes, enfants, avant d'être envoyés vers des camps de travail ou d'extermination, où les nazis les tuent. Avec des gaz qui asphyxient, a-t-on dit à la radio anglaise, pour tuer le plus de personnes possible, le plus vite possible.

Anne se sent terriblement coupable d'être au chaud dans son lit, elle a honte d'être là, avec sa famille, en vie, alors que ses amis sont peut-être entre les mains de ces bourreaux cruels. Pour la seule raison qu'ils sont juifs.

Dehors, le ciel

Au grenier, dans la petite pièce où Peter dort, Anne peut s'allonger, rester seule, et regarder par la fenêtre du toit un bout de marronnier. Et de ciel.

Le ciel au-dessus de moi. Le ciel étoilé.

Elle se sent bien, ici.

Ici, elle est seule, loin des autres, mais elle ne se sent pas seule comme en bas, avec les autres. On dirait que ce ciel la relie au monde entier.

Ici, elle oublie sa peur. On dirait que le bruissement des feuilles dans le vent s'unit au chant des oiseaux et à la course des nuages pour faire oublier le grondement de tonnerre annonciateur de bombes et de mort. Ici, sous le ciel, Anne a envie de continuer à vivre.

Miep, Bep, Johannes, Victor

Anne a bien conscience que sa vie ne tient qu'à un fil. L'épicier s'est fait arrêter. Va-t-il avouer, sous la torture, qu'il donnait à Miep et à Bep des rations de nourriture pour huit personnes ? Le boulanger, qui livre le pain, saura-t-il jusqu'au bout tenir le secret ? Les cambrioleurs qui sont venus l'autre nuit dans les bureaux ont-ils entendu quelque chose ? Le nouvel employé, qui a l'air un peu trop curieux, va-t-il se rendre compte que la bibliothèque construite par le père de Bep camoufle l'entrée de l'Annexe ?

Un bruit au mauvais moment, une chasse d'eau tirée pendant la journée, un robinet qui coule, un livre qui tombe par terre, un rideau qui s'écarte, une lumière allumée en dehors des heures de bureau… et les huit de l'Annexe sont fichus. Et les quatre protecteurs aussi : cacher un Juif est un crime passible des camps.

Qu'est-ce qui pousse leurs protecteurs à risquer leur vie pour huit personnes ? Personne ne les oblige. Et on ne peut pas dire qu'ils font cela pour être admirés ou recevoir des médailles. Non, tout est secret, caché, personne ne le sait. Le font-ils pour gagner de l'argent ? Non. Ils n'ont jamais rien réclamé, au contraire. Alors pourquoi ? Pourquoi prennent-ils tous ces risques ?

Miep, Bep, Johannes, Victor, et tous ceux qui sont prêts à perdre leur vie pour protéger les

autres, semblent être guidés par une force intérieure. Comme s'il y avait en l'homme la présence d'une loi, d'une loi morale, plus forte que toutes les autres lois, plus forte que toutes les peurs, plus forte que tout.

Héros dans l'ombre

Anne admire le sourire de Miep. Anne regarde Bep arranger les fleurs qu'elle vient d'apporter. Anne écoute Johannes animer les discussions sur le débarquement américain que tous espèrent avec impatience. Anne ouvre le petit cadeau que Victor a déposé sur la table.

Et elle confie à Kitty son émerveillement devant le courage de ces quatre personnes. Le courage de continuer à être gais et pleins d'amour pour ces huit clandestins à la mine si grise.

Tout le monde sait qu'il y a des héros sur les champs de bataille. Il y en a ici aussi.

Écrire, s'écrire

En écrivant, Anne sent son chagrin diminuer et son courage renaître. Sous sa plume, elle voit se dessiner la vraie Anne et le meilleur d'elle-même.

Dans sa vie d'avant, Anne espérait que ce journal serait un grand soutien. Après plusieurs mois passés à l'Annexe, elle se rend compte que Kitty est beaucoup plus qu'un soutien, beaucoup plus qu'une confidente.

Les mots l'aident à quitter les tourbillons des émotions, les mots arrêtent les idées qui tournent en rond dans sa tête : écrire l'aide à y voir plus clair, à sortir du flou. Mais ce n'est pas si facile. Pour trouver le mot juste, celui qui va vraiment raconter ce que l'on ressent, on a besoin de fouiller dans ses pensées, d'explorer ses sentiments, de creuser ses idées. Comment écrire quelque chose sur soi-même si l'on n'est pas à l'écoute de soi, si on ne cherche pas à comprendre ce qui se passe à l'intérieur de soi ? Comment écrire quelque chose sur les autres si on n'est pas curieux, si on n'écoute pas, si on ne les observe pas ? Anne écoute, regarde, observe et écrit. Anne s'écoute, se regarde, s'observe et s'écrit.

En écrivant, Anne comprend mieux. Et se comprend mieux.

La maîtrise de soi

Se plaindre et pleurnicher comme Augusta Van Pels, qu'Anne surnomme « Madame » ? Parler sans arrêt du passé avec mélancolie comme sa mère ? Imaginer toujours le pire ? S'effondrer et se traîner ? Prendre un air de chien battu quand Miep, Bep, Johannes ou Victor viennent partager leur bol de soupe, leur apporter nourriture, livres, revues et nouvelles de dehors ? Pas question.

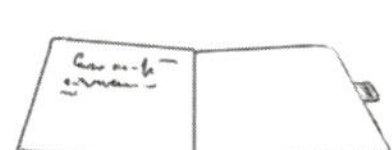

Afficher une bonne humeur, même si cette bonne humeur est fausse. Présenter aux autres un sourire, même si ce sourire est fabriqué. Cela lui paraît être les règles à suivre pour survivre dans cette vie de clandestins.

Anne a vite compris qu'ici tout peut tourner au drame, très vite. Dans un espace si petit, où huit personnes vivent dans la peur et doivent se répartir la place, la nourriture, la parole, les livres, l'eau, la salle de bains, les toilettes, la table pour écrire, tout, absolument tout devient un sujet de disputes.

Se contrôler. Faire des efforts. Se protéger de son agressivité. Anne se répète ces conseils d'Otto, chaque jour, pour essayer de ne pas imprégner l'Annexe de ses souffrances et de ses états d'âme.

La force de l'esprit

Nous sommes prisonniers à plusieurs, nous ne pouvons plus respirer l'air frais, courir, prendre un bon bain chaud, manger à notre faim, dormir tranquille, être seuls… Voilà notre réalité Mais pourquoi ne pas la transformer, cette réalité ? Et se dire : voyons tout cela comme une expérience incroyable que peu d'humains vivent.

Est-ce possible ? L'esprit humain peut-il transformer le monde qui nous entoure ? L'imagination peut-elle inventer une autre vie que celle que l'on a sous les yeux ? L'esprit a-t-il la force de transformer cet enfermement en aventure ? En aventure dangereuse, certes, mais passionnante et amusante.

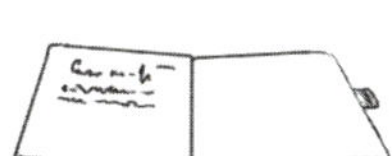

L'esprit peut-il transformer les privations de nourriture, d'air, de loisirs, et toutes les autres privations en expériences amusantes ? Certains jours, Anne croit que oui. Qu'elle peut décider que sa vie à l'Annexe est un bon début pour une vie intéressante. Pour une vie de femme qui laissera une trace dans le monde, pas une vie aussi banale que celle de sa mère ou d'Augusta.

En ouvrant son cahier pour raconter la dernière dispute de Monsieur et Madame, Anne regarde le bout de marronnier par la fenêtre du grenier. Qu'il est beau, ce marronnier !

Ne nous cassez pas nos rêves

Mais pitié, pitié, que les donneurs de leçon, comme ce vieux Fritz Pfeffer, aillent se faire voir ailleurs. Qu'ils arrêtent de détruire nos rêves et nos espoirs, à nous, les jeunes. Ils n'ont pas le droit. Oui les forces du mal sont en marche dans le monde. Mais que les adultes ne nous empêchent pas de croire que la bonté des hommes existe.

La beauté

Penser à ceux qui vont plus mal que nous pour nous remonter le moral ? Non, ce conseil de sa mère, Anne ne veut pas le suivre. Ou plutôt elle ne veut plus le suivre. Elle aussi, elle s'est souvent dit que dehors les Juifs souffraient bien plus qu'elle. Et qu'elle avait de la chance, et qu'elle devait s'estimer heureuse. Et qu'elle n'est qu'une égoïste quand elle se plaint d'avoir faim ou de manger du chou tous les jours, quand elle râle de n'avoir aucun vêtement ni aucune chaussure à sa taille, quand elle ose faire des plans pour le futur alors que ses amis juifs sont peut-être tous morts.

Mais penser à toute la détresse du monde pour s'estimer heureuse ? Non. Anne veut penser à la beauté, à l'amour, elle veut se concentrer sur l'idée du soleil, de la nature, de ce qui est beau. Et aller chercher, tout au fond d'elle-même, un bonheur possible.

L'amour

Maintenant qu'elle regarde les feuilles du marronnier avec Peter, maintenant que son bras frôle celui de Peter, Anne trouve ce marronnier encore plus beau. Et ces petits grains de poussière qui dansent dans la lumière du soleil encore plus

merveilleux. Et ce petit carré de ciel encore plus enchanteur. Maintenant qu'elle sent la chaleur monter dans son corps quand Peter la regarde, tout est encore plus beau. Ils passent des heures tous les deux ensemble, dans ce grenier, personne ne vient les déranger. Alors qu'est-ce qu'il attend, au juste, pour me donner un baiser ? se plaint Anne.

Dis-moi, Kitty, demande Anne inquiète, ne suis-je pour lui qu'une bonne camarade ?

28 mars 1944

Tous les regards se tournent vers Anne. « *Tu as entendu ?* » Oui, Anne a entendu. Et elle n'a qu'une envie : courir chercher son journal et relire tout ce qu'elle a écrit depuis vingt et un mois. Sur Radio Orange, la radio du gouvernement néerlandais exilé à Londres, le ministre de l'Enseignement et des Arts vient de demander à tout le monde de garder précieusement les lettres, les journaux intimes,

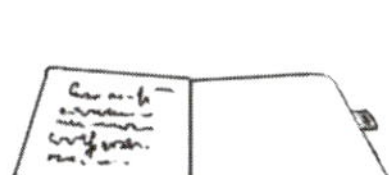

les témoignages, qui parlent de la guerre. Pour les collecter quand la guerre sera terminée. Et ainsi retracer l'histoire de ces terribles années, et ainsi comprendre l'Histoire à travers la vie de tous les jours.

Quelle excitation dans l'Annexe ! On ne parle plus que du journal d'Anne.

Des questions sans réponse

Pourquoi, pourquoi, pourquoi ? Aujourd'hui, Anne n'a que ce mot au bout de sa plume. « *Pourquoi dépense-t-on des millions pour la guerre et rien pour la médecine, les artistes et les pauvres ?* », « *Pourquoi fabrique-t-on des armes de plus en plus puissantes ?* », « *L'homme est-il fou ?* », « *Qui a fait de nous, les Juifs, une exception parmi tous les peuples ?* », « *Qui nous a fait tant souffrir jusqu'à présent ?* », « *Pourquoi les gens ne peuvent-ils vivre en paix ?* »…

La nuit dernière, Anne s'est dit qu'elle allait mourir. Des policiers sont venus dans les bureaux pour

enquêter sur un cambriolage. Ils sont montés jusqu'à la bibliothèque qui camoufle la porte de l'Annexe. Anne a retenu son souffle en entendant les bruits de leurs pas, à quelques centimètres d'elle. Et ils sont repartis. Deux, peut-être trois minutes de terreur. Assez pour que la réalité revienne la fouetter en plein visage : elle est une Juive, enchaînée, sans aucun droit.

« Un jour, cette horrible guerre se terminera, un jour, nous pourrons être des êtres humains, et pas seulement des Juifs ! » écrit Anne dans son journal, le 11 avril 1944.

Le débarquement. L'espoir

Après des semaines de déprime et d'angoisse suite à la visite de la police, l'espoir renaît dans l'Annexe. À la radio anglaise, la BBC, Otto, Edith, Margot, Anne, Hermann, Augusta, Peter et Fritz ont écouté avec bonheur le général de l'armée américaine, le général Eisenhower, annoncer le débarquement de ses troupes sur les plages de Normandie, en France. Les batailles seront rudes, personne n'en doute, mais la victoire des Alliés sur l'Allemagne est proche.

On est le 6 juin 1944. Dans six jours, Anne va fêter ses 15 ans. Dans cette ambiance d'espoir et de foi dans l'avenir, elle se laisse aller à ses rêves, devenir journaliste ou écrivaine, à ses espoirs, mener une vie de femme qui laissera une trace sur terre.

Bon, pour l'instant, pensons à la rentrée de septembre. Pas de crainte à avoir, Anne sera au niveau des élèves de son âge. Grâce aux livres de classe que

Miep et Bep lui apportent, Anne continue très sérieusement sa scolarité, que ce soit en mathématiques, en histoire, en géographie, en langues. Et puis elle lit tous les jours, des romans, des biographies, des récits de la mythologie… Elle écoute aussi beaucoup de musique classique à la radio allemande, elle suit aussi avec attention les lectures d'écrivains allemands que son père leur fait le soir, avant d'aller se coucher. Otto tient très fort à ce que ses filles n'oublient pas que l'Allemagne est le pays de Goethe, de Schiller, de Hesse et de tant d'autres romanciers, philosophes, poètes ; il tient à ce qu'Anne et Margot et tous les autres se souviennent que l'allemand n'est pas la langue des nazis, que l'Allemagne n'est pas le pays des nazis.

...

Quelqu'un a dénoncé les habitants de l'Annexe. Quelqu'un est allé dire à la police allemande, les SS, que des Juifs se cachent derrière les bureaux situés au 263 Prinsengracht. Et qu'on accède à leur cachette en faisant pivoter une bibliothèque, sur le palier du deuxième étage.

Le 4 août 1944, Otto, Edith, Margot, Anne, Hermann, Augusta, Peter, Fritz, et aussi Johannes et Victor, sont arrêtés par un officier SS, assisté par des policiers néerlandais.

Miep et Bep sont laissées libres, Johannes sera relâché en septembre 1944, Victor réussira à s'évader en mars 1945.

Le 3 septembre 1944, Otto, Edith, Margot, Anne, Hermann, Augusta, Peter et Fritz quittent Westerbork, le camp de transit hollandais, et sont envoyés au camp d'extermination d'Auschwitz, en Pologne. Margot et Anne sont ensuite transférées dans le camp de concentration de Bergen-Belsen, en Allemagne.

Anne est morte à Bergen-Belsen, quelques jours après sa grande sœur. D'épuisement, de faim, de froid, de manque d'hygiène, et du typhus. On pense qu'Anne est morte au début du mois de mars 1945.

Otto est le seul rescapé des huit habitants de l'Annexe. Il a vécu jusqu'au 19 août 1980. ■

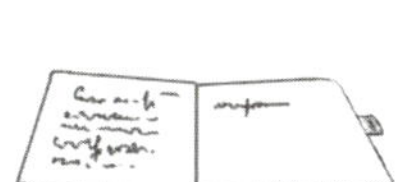

Sommaire

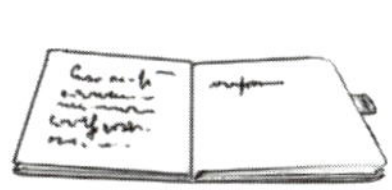

Anne Frank

Annelies Marie Frank est née le 12 juin 1929 dans une famille juive, à Francfort-sur-le-Main, en Allemagne. L'arrivée au pouvoir de Hitler et la violence de l'antisémitisme contraignent toute la famille à fuir son pays à la fin de l'année 1933 pour trouver refuge aux Pays-Bas, à Amsterdam. Après l'invasion des Pays-Bas par la Wehrmacht, le 10 mai 1940, les Juifs néerlandais sont victimes, eux aussi, de persécutions. C'est pour échapper à la déportation dans les camps de concentration et d'extermination que les quatre membres de la famille Frank entrent dans la clandestinité le 6 juillet 1942. Pendant vingt-cinq mois, ils vivront cachés avec quatre autres clandestins dans l'annexe de l'entreprise du père d'Anne. Le 4 août 1944, après avoir été dénoncés, ils seront arrêtés et tous déportés à Auschwitz, en Pologne. Anne meurt du typhus dans le camp de Bergen-Belsen, en mars 1945. Des huit clandestins de l'Annexe, son père sera le seul survivant. C'est pendant sa période de clandestinité qu'Anne a tenu le journal qui devait la rendre célèbre.

Le témoignage d'une adolescent

Anne Frank (ici en 1939) ne vivra que quinze ans. Enfar puis adolescente pleine de vie, elle tiendra un journa témoignage exceptionnel du quotidien d'une jeune fil juive cachée pendant la Seconde Guerre mondiale pou échapper à la barbarie du nazisme, avant d'y succombe

© BCA / Rue des Archives

L'Allemagne, le pays natal

Les Frank sont allemands. Otto, le père, officier décoré après la guerre de 1914-1918, aime profondément son pays. En 1925, il épouse Edith Holländer, de onze ans sa cadette. Tous les deux sont issus de familles cultivées et juives. Leur première fille, Margot, naît en 1926. Trois ans plus tard, c'est la naissance d'Annelies Marie que ses proches appelleront Anne ou Annelein (« petite Anne »).

Les deux sœurs adorent leur père, et celui-ci leur donnera très tôt le goût de la lecture et des études. Anne a 1 an sur cette photo, prise en 1930. ▶

Le parti nazi au pouvoir

Depuis la fin de la Première Guerre mondiale, l'Allemagne est un pays vaincu et appauvri. Dans ce contexte, un parti politique, le NSDAP, Parti national-socialiste des travailleurs allemands (en abrégé, parti « nazi »), se démarque. À sa tête, un homme, Adolf Hitler, clame la grandeur du peuple allemand et sa suprématie prochaine sur le reste du monde. Ses discours nationalistes et l'idéologie du nazisme, fondés pour une bonne part sur l'antisémitisme et le racisme, conduisent Hitler (au premier plan sur la photo) à devenir le chef du gouvernement allemand, le 30 janvier 1933.

© Henk Blansjaar / Spaarnestad / Rue des Archives

◀ **Départ pour Amsterdam**
Depuis que le parti nazi est au pouvoir, la sécurité des Juifs est menacée. Ils sont désignés comme l responsables de la crise économiqu qui frappe l'Allemagne. Les Frank décident alors de quitter leur pays et de s'installer aux Pays-Bas. Otto part le premier, dès l'été 1933, pou y créer une entreprise, Opekta We On voit ici la façade de l'immeubl qui abritera les bureaux de la société à partir de 1940, au 263, Prinsengracht, à Amsterdam. Sa femme et sa fille aînée le rejoignent en décembre 1933, et Anne, restée chez sa grand-mère, en février 1934.

L'insouciance de l'enfance

Toute la famille Frank s'est installée dans un appartement sur la place Merwede (*Merwedeplein*), à Amsterdam. Anne et Margot vont à l'école et s'adaptent vite. Leur vie a retrouvé un cours agréable.

Anne est d'un caractère joyeux et insouciant, et elle joue souvent dans la rue, comme ici en 1935 avec son amie Sanne Ledermann. Moins sage et disciplinée que sa sœur, elle est cependant douée pour la lecture et l'écriture, et elle aime étudier l'histoire. ▶

© The Granger Collection NYC / Rue des Archives

© Roger-Viollet

▲ **Les Pays-Bas envahis par l'Allemagne**

La période de répit ne durera que quelques années. En 1939, les troupes de Hitler envahissent la Pologne. La France et l'Angleterre répondent aussitôt en déclarant la guerre à l'Allemagne. Mais ce n'est pas suffisant pour stopper l'armée nazie, et le 10 mai 1940 elle entre aux Pays-Bas, en Belgique et au Luxembourg. Peu de temps après, au mois de juin, la France est envahie à son tour. Pour la famille d'Anne comme pour tous les Juifs des pays désormais occupés, la peur s'installe, car les mesures discriminatoires reprennent et l'on commence à parler du sort qui leur est réservé et des camps de concentration.

L'entrée dans la clandestinité

Le 5 juillet 1942, Margot reçoit une convocation pour partir en train vers un camp de travail. Mais, depuis quelque temps déjà, Otto Fran préparait en secret une cachette pour sa famille, afin de la soustraire à la déportation. Cela n'aurait pas été possible sans l'aide de quatre de ses employés, devenus des amis (Miep Gies, Bep Voskuijl, Victor Kugler et Johannes Kleiman). Cette cachette se trouve à l'arrière des bureaux de son entreprise, dans une partie inoccupée où plusieurs pièces ont été aménagées sur deux niveaux. Le 6 juillet, très tôt le matin, la famille Frank quitte son domicile et part s'installer dans ce qu'elle appellera l'Annexe, où elle y vivra enfermée pendant un peu plus de deux ans. Anne a eu le temps de prendre quelques affaires personnelles, parmi lesquelles le journal intime reçu pour son anniversaire le mois précédent. Une bibliothèque pivotante est construite pour dissimuler la porte qui permet d'accéder à l'Annexe. ▶

© Ade Johnson / EPA / Corbis

Kitty, une amie fidèle

Deux jours après leur installation, Anne reprend l'écriture de son journal. Depuis qu'elle a commencé à le rédiger, elle s'adresse à une amie imaginaire, Kitty, à qui elle peut tout confier. Car la vie en communauté n'est pas toujours facile, surtout lorsque la famille Frank est rejointe le 12 juillet par la famille Van Pels, composée des deux parents et de leur fils Peter. Puis par M. Pfeffer, un ami de la famille, au mois de novembre. Être enfermée, ne pas faire de bruit, avoir peur d'être dénoncée, ne pas avoir d'intimité, s'ennuyer, faire bonne figure devant les adultes, devant sa sœur, devant Peter. C'est souvent plus qu'Anne ne peut en supporter. Et les autres, en retour, la trouvent souvent insupportable. Mais elle se console en écrivant à Kitty, elle s'échappe en racontant son histoire, ses rêves, l'espoir qu'un jour tous auront droit à une vie normale et libre. Dans ce futur, elle pourrait devenir journaliste, ou pourquoi pas écrivain ? Ici une copie du journal d'Anne Frank, exposée au musée qui lui est dédié à Amsterdam.

La dénonciation

Anne écrit une dernière fois dans son journal le 1er août 1944. Le vendredi 4 août au matin, les huit occupants de l'Annexe sont arrêtés sur dénonciation. Victor Kugler et Johannes Kleiman sont également conduits en prison, puis dans un camp, mais survivront à leur déportation. Les clandestins, eux, sont d'abord transférés dan le camp de Westerbork, aux Pays-Bas, avant d'être déportés vers le camp de concentration et d'extermination d'Auschwitz-Birkenau, en Pologne, le 3 septembre 1944. Les prisonniers arrivent après plusieurs jours de train, entassés dans des wagons de marchandise sur les quais d'Auschwitz. Là, les hommes et les femmes sont séparés. Par la suite, Anne et Margot sont envoyées dans le camp de Bergen-Belsen, en Allemagne, où elles meurent l'une après l'autr du typhus en mars 1945. Leur mère, Edith, restée à Auschwitz, y meurt d'épuisement au début de l'année, alors que leur père est libéré peu de temps après par l'armée russe, le 27 janvier 1945.

Traduit dans toutes les langues

Miep Gies et Bep Voskuijl ont trouvé et caché le journal d'Anne. Miep le remettra au père de la jeune fille après sa libération. Otto Frank décide alors de faire connaître le témoignage de sa fille, et le journal sera publié pour la première fois en 1947, aux Pays-Bas. À partir de 1950, *Le Journal d'Anne Frank* paraît en français, en allemand et en anglais. Aujourd'hui, le succès du livre est tel qu'il a été traduit dans plus de soixante-cinq langues. Le théâtre et le cinéma se sont également approprié le destin et les mots de l'adolescente, et son journal est régulièrement intégré au programme scolaire de nombreuses classes de par le monde. Jusqu'à sa mort en 1980, à l'âge de 91 ans, Otto Frank s'est battu pour que le livre de sa fille et les idées qu'elle y exprime sur la tolérance, la paix et le rapprochement entre les hommes soient connus de tous. ▼

© Todd Gipstein / Corbis

Les auteurs

Brigitte Labbé est écrivain. Elle est coauteur de tous les ouvrages des collections « De vie en vie » et « Les Goûters Philo », parus aux Éditions Milan.
Pierre-François Dupont-Beurier est professeur agrégé de philosophie.

L'illustrateur

Jean-Pierre Joblin a réalisé les dessins de l'intérieur.

Dans la même collection

1. Martin Luther King
2. Einstein
3. Bouddha
4. Marco Polo
5. Mozart
6. Néfertiti
7. Coluche
8. Van Gogh
9. Molière
10. Darwin
11. Ulysse
12. Tolkien
13. Marie Curie
14. Charlie Chaplin
15. Freud
16. Les Beatles
17. Coco Chanel
18. Léonard de Vinci
19. Jésus
20. Gandhi
21. Picasso
23. Louis XIV
24. Saint-Exupéry
25. Galilée
26. Victor Hugo
27. Socrate

Conception graphique : Bruno Douin.
Cet ouvrage a été réalisé par les éditions Milan avec la collaboration d'Anne Lauprête pour les pages 67 à 75 du cahier photo.

© 2007 éditions Milan pour la première édition.
© 2010 éditions Milan pour la présente édition.
300, rue Léon-Joulin, 31101 Toulouse Cedex 9 – France
Droits de traduction et de reproduction réservés pour tous les pays.
Toute reproduction, même partielle, de cet ouvrage est interdite.
Une copie ou reproduction par quelque procédé que ce soit, photographie, microfilm, bande magnétique, disque ou autre, constitue une contrefaçon passible des peines prévues par la loi du 11 mars 1957 sur la protection des droits d'auteur.
Loi 49.956 du 16.07.1949 sur les publications destinées à la jeunesse.
Dépôt légal : 2e trimestre 2013
ISBN : 978-2-7459-4287-6
Imprimé en Slovénie par DZS Grafik